La Résistance
expliquée à mes petits-enfants

Lucie Aubrac

La Résistance
expliquée à
mes petits-enfants

Éditions du Seuil

ISBN 978-2-02-036571-0

www.seuil.com

Survivants de la Résistance et des camps de déportation, nous faisons tous la même constatation : nos enfants nés pendant ou après la guerre nous ont peu ou pas du tout interrogés sur ce passé qui nous a classés dans cette catégorie bizarre appelée « Résistance ».

En revanche, nos petits-enfants sont avides de souvenirs, de détails, précisément sur notre engagement et notre activité entre 1940 et 1945. Il ne s'agit pas pour eux de préciser notre biographie mais de se renseigner, auprès de témoins de plus en plus rares d'une époque déjà historique, sur les valeurs qui ont déterminé leurs actions, leurs souffrances, leur sacrifice et finalement leur victoire.

Pourquoi cette génération veut-elle tant savoir et comprendre ?

Je rencontre chaque année plusieurs milliers d'adolescents dans les collèges et les lycées de France. Toujours, je retrouve, comme chez mes petits-enfants, la même exigence de savoir, le même besoin de comprendre, les mêmes constatations sur l'époque actuelle, les mêmes recherches pour la gestion de leurs problèmes.

Ils m'ont posé beaucoup de questions, j'ai essayé

d'y répondre. Face à ces adolescents qui interrogent, je me retrouve la grand-mère d'une jeunesse à qui le professeur Jacques Decour a adressé ces derniers mots avant d'être fusillé par les nazis :

« Je me considère comme la feuille qui tombe de l'arbre pour faire du terreau. La qualité du terreau dépendra de celle des feuilles. Je veux parler de la jeunesse en qui je mets tout mon espoir. »

Ce petit livre n'est pas une « histoire de la Résistance », c'est un dialogue avec mes petits-enfants, pour les informer, les aider à comprendre puis à juger, donc à choisir et à s'engager pour défendre les valeurs universelles que la Résistance a sauvées et leur a léguées.

— Quand mes copines savent que tu es ma grand-mère, elles me demandent : « Comment est-elle entrée dans la Résistance ? » et je ne sais quoi répondre.

— Tu sais, pour y entrer, comme tu dis, il faut que la Résistance existe sous une forme organisée. Ce n'est pas une sorte d'association avec des statuts, des cotisations, des cartes et une adresse connue.

D'abord, tu dois comprendre que le verbe « résister » existe depuis que les êtres humains sont capables de réfléchir. Comme nous le montre l'histoire de l'humanité, il y a bien des façons de résister. Cela peut être la défense de sa maison, de sa famille, de sa terre, de son pays. Cela peut être aussi le refus d'être soumis à plus fort que soi et ça peut être la décision de s'opposer à une injustice qui vise une personne ou une catégorie d'êtres humains quelque part dans le monde.

La Résistance dont vous voulez que je vous parle est le résultat d'une guerre perdue, de l'occupation de mon pays par une armée étrangère, de la soumission du gouvernement de la France à ses occupants, l'obéissance à ses ordres, l'alignement sur sa politique.

Je dois vous rappeler que le 3 septembre 1939, la France et l'Angleterre ont déclaré la guerre à Hitler, le maître de l'Allemagne nazie, parce qu'il avait, en envahissant la Pologne, rompu le pacte qu'il avait signé à Munich. En mai 1940, la France a subi une horrible défaite, les armées de Hitler ont envahi le pays et ont fait prisonniers près de deux millions de soldats et d'officiers. Tout le monde avait peur et se sauvait loin des villes.

Je vous rappelle que les hommes en âge de se battre avaient été mobilisés en septembre 1939. Obligatoirement, ils partirent dans les casernes, sur les bateaux ou sur les terrains d'aviation. C'étaient donc en grande majorité des vieillards, des femmes et leurs enfants qui fuyaient vers le sud. Riches ou pauvres, à la recherche d'un moyen de transport, devenus tous vulnérables, ils maudissaient ces armées ennemies qui envahissaient la France, bombardaient les villes, mitraillaient les routes, les ponts et les trains. Errant au hasard, ils ont d'abord bénéficié de la solidarité d'inconnus les nourrissant un jour, les hébergeant une nuit. Devant le désordre consécutif à cette affreuse invasion, le gouvernement qui avait quitté Paris pour Bordeaux est rendu responsable du désordre et son président est remplacé par le maréchal Pétain.

Il a 84 ans, on l'appelle « le vainqueur de Verdun », grande victoire sur les Allemands vingt-cinq ans plus tôt. Sur les routes, dans les casernes remplies de soldats français prisonniers, on pense que ce vieux soldat va sûrement sauver la France.

    – *Comment va-t-il s'y prendre ?*
    – Eh bien, il décide qu'il n'y a rien d'autre à faire que de demander l'Armistice à Hitler et à Mussolini, nos ennemis vainqueurs !

– *Qu'est-ce que ça veut dire l'Armistice ?*

– Que la guerre s'arrêtera, qu'un traité de paix sera signé et que la vie reprendra, que chacun rentrera chez soi et que les prisonniers de guerre seront libérés.

– *C'est plutôt une bonne chose cela. La guerre est finie et les familles se retrouvent !*

– Une bonne chose ? Un rêve ! Mais la réalité est bien différente. Pétain, en signant, accepte les conditions des vainqueurs. Elles sont cruelles, déshonorantes et pour certains inacceptables.

L'Allemagne annexe l'Alsace et le département de la Moselle, crée des zones interdites à l'est et près des côtes ouest, où l'on ne peut circuler qu'avec une autorisation. Pire, ce qui reste de la France est coupé en deux d'est en ouest, c'est la ligne de démarcation. Au nord, le gouvernement français présidé par le maréchal Pétain dirige la zone sous le contrôle de l'armée et des polices allemandes. Au sud, seul le gouvernement qui s'installe à Vichy administre le territoire. On l'appelle Zone libre.

On comprendra que ce nom ne convient pas. Il faut payer chaque jour des sommes énormes pour l'entretien de cette armée qui s'installe partout. Dans les rues, la signalisation est en allemand, avec des caractères gothiques difficiles à lire pour les Français, des oriflammes nazies flottent sur la tour Eiffel, la Chambre des députés, le Sénat. Les ministères et les bâtiments publics sont occupés par tous les services de l'administration ennemie. Pétain s'est engagé à livrer du matériel industriel, des produits agricoles. C'est une vraie razzia de toutes nos richesses.

Il y a pire encore. Pétain a accepté d'arrêter et de livrer aux nazis les étrangers d'Europe centrale et d'Allemagne qui avaient fui leur pays devenu fasciste pour se réfugier chez nous. Quel déshonneur ! Partout, des affiches dans les deux langues menacent ceux qui désobéissent. Des trains remplis de militaires français partent vers des camps en Allemagne appelés STALAG[1] ou OFLAG[2] dont on ne connaît pas l'emplacement. On ne peut écrire aux prisonniers qu'une fois par mois une lettre non cachetée adressée à un camp numéroté que l'on remet à l'administration pour contrôle. Les familles sont écartelées ; le père absent, la mère doit faire face à tous les problèmes.

Dans notre France si riche, il n'y a presque plus rien à manger. On nous donne des cartes de rationnement pour la nourriture, le charbon, les vêtements, les chaussures. On a souvent faim !

– On comprend que les gens soient en colère ! Toutes ces restrictions, ces interdictions, c'est un vrai esclavage, cela donne envie de se bagarrer !

– Bien sûr, certains sont exaspérés et ne se contentent pas de protester entre eux. Je vais vous raconter trois histoires vraies et vous comprendrez que c'est le refus d'obéir, d'être soumis, volé, qui déclenche les premières actions de la Résistance.

Germaine V. est seule dans sa ferme, la guerre est finie, son mari est prisonnier. C'est la nuit, on frappe. « Qui est là ? – Nous sommes deux soldats français, nous avons sauté du train qui nous emme-

1. Camp de sous-officiers et de soldats en Allemagne.
2. Camp d'officiers.

nait, nous ne savons où coucher. – Entrez. » Germaine les nourrit, leur donne un lit et, le lendemain matin, ils échangent leurs uniformes contre les habits du mari prisonnier. Ils partent pour franchir clandestinement la ligne de démarcation entre le passage des patrouilles allemandes et françaises.

    – *C' était défendu de passer d' une zone à l' autre ?*
    – Oui. Si on était pris, on payait une amende et on allait en prison.

    – *Pourquoi, alors, changer de zone ?*
    – Parce qu'en zone sud, il n'y avait pas d'Allemands et on croyait encore que le maréchal Pétain protégeait les Français.

Voici maintenant l'histoire de Mathieu. Il est breton, il n'a pas de nouvelles de son père, marin, embarqué à Brest sur un torpilleur. La guerre est finie et l'école professionnelle qu'il fréquente est de nouveau ouverte. Il y va en vélo ; il voit, le long de la route, une équipe allemande qui installe une ligne téléphonique. Deux soldats grimpent aux poteaux plantés au bord du chemin pour tendre un câble de téléphone. Personne ne remarque Mathieu, tous les soldats regardent en l'air. La colère l'envahit : « Ils ne sont pas chez eux, la guerre est finie, ils doivent partir, le Maréchal l'a dit le 17 juin ! » Il pose son vélo, prend une pince dans sa petite trousse à outils d'apprenti électricien, rampe jusqu'au fossé où le câble pend parmi les grandes herbes jaunies par ce chaud été de la fin juin. Il arrache avec peine la gaine protectrice, puis sectionne un à un les fils métalliques. Les deux parties du câble sectionné s'en vont battre les jambes des deux soldats grimpeurs. Stupéfaction ! Tous regardent vers le sol, Mathieu est repéré. L'officier l'arrête. Avec un groupe de soldats, il l'emmène jusqu'à son école. Dans la cour, Mathieu est lié au poteau de basket, tandis qu'un ordre brutal oblige élèves, professeurs et chefs d'ateliers à s'aligner derrière les soldats plantés devant le poteau. « Ce garçon, dit l'officier, n'a pas obéi à l'avertissement qui punit de mort tout sabotage du matériel de guerre allemand, il va être exécuté. » Un rauque aboiement : « En joue, feu ! » Puis le coup de grâce réglementaire : l'officier décharge son pistolet dans la tempe de Mathieu affaissé.

Mathieu aurait eu 17 ans le 22 décembre 1940.

– *C'est un sauvage, une brute, cet officier. Ils n'étaient quand même pas tous pareils !*

– C'est un officier nazi. Il exécute les ordres sans état d'âme puisque ce sont ceux de son Führer !

– *Ta troisième histoire est-elle aussi horrible ?*

– Cette fois, il s'agit d'un homme né en 1890 dans une famille aisée du Nord de la France. Très bon élève, il décide de devenir officier. En 1940, il a 50 ans, c'est le colonel Charles de Gaulle. Il commande un régiment de chars et se bat très courageusement en Picardie. Nommé général, il est envoyé en Angleterre et doit participer au rapatriement des éléments de l'armée française qui se sont sauvés avec les Anglais pour ne pas être faits prisonniers par les Allemands. Le 17 juin 1940, il entend, depuis Londres, le discours de Pétain. Furieux, il demande à parler aux Français depuis la radio de Londres. Il dit que la guerre n'est pas finie, qu'il faut continuer à se battre aux côtés des Anglais. Donc, il demande aux hommes qui ne sont pas prisonniers de venir le rejoindre et de faire une nouvelle armée libre.

— *Je sais, c'est l'Appel du 18 juin. L'année dernière, le professeur nous l'a lu.*
— Il nous reste à reconnaître ce qu'il y a de commun chez Germaine, Mathieu et Charles. Personne ne les a obligés à faire ce qu'ils ont fait ou ce qu'ils ont dit. C'était contraire aux ordres. Qu'en pensez-vous ? Pourquoi l'ont-ils fait ou dit ?

— *C'est facile, ils n'acceptent pas d'obéir à une armée étrangère qui donne des ordres et promet des punitions sans que le gouvernement français s'en mêle.*
— Donc, ils défendent leur pays. Comment les appelleriez-vous ?

— *Des patriotes qui ont décidé de désobéir à ces nazis qui se croient les maîtres.*
— Vous avez tout compris. Par patriotisme, volontairement, on décide de s'opposer à la servitude. La désobéissance volontaire fait partie de l'esprit résistant.

Il y a bien d'autres raisons qui vont, par esprit résistant, aboutir à la création de la Résistance organisée et efficace.

C'est cette présence d'une armée étrangère qui nous a d'abord agacés. Sur les murs, avec du charbon de bois ou à la craie – les élèves la volaient en classe –, on a commencé à faire des croix de Lorraine, le symbole de De Gaulle, et des V, symbole de la victoire, comme le faisaient les Anglais.

Très vite, nous avons été dans une situation de plus en plus contraignante. Après l'Armistice, fin juin 1940, l'Alsace et la Moselle devenant terre allemande, arrivent, en zone Sud, avec juste une valise, les Alsaciens et les Lorrains chassés de chez eux. Il y a des zones interdites tout au long des côtes et toujours cette ligne de démarcation qui coupe la France en deux.

   – Je pense que tout le monde essaie d'aller en zone Sud ?
   – Ce n'est pas si facile, il faut un laissez-passer signé par les Allemands. Ils ne le donnent pas à tout le monde. Des militants politiques, des familles juives tentent de passer en fraude. Si une patrouille les attrape, ils sont envoyés en prison et ensuite dans des camps en Allemagne.

   – Mais le maréchal Pétain ne dit rien ?
   – Non. Il fait arrêter des Français qui ne sont pas d'accord avec le régime qu'il a mis en place.

   – Mais il y avait la république, on avait seulement remplacé le président du Conseil en nommant le Maréchal.
   – C'est vrai ce que tu dis, mais il a fait voter par les parlementaires un changement de Constitution. 80 députés, seulement, sur près de 700 l'ont refusé.
   Résultat : il se nomme chef de l'État français, il appelle cela la « révolution nationale ». Plus de république, plus d'élections dans les communes et les départements, plus de députés, plus de sénateurs. Les responsables d'autorité, comme les magistrats

ou les chefs de la police doivent lui jurer obéissance et fidélité. Il est le maître tout-puissant de la France.

Ce qui est encore plus grave, c'est qu'il prend, avec ses ministres, des mesures identiques à celles qui sont appliquées en Allemagne nazie. Il fait arrêter les opposants politiques, les syndicalistes, les francs-maçons. Les Juifs ne peuvent plus être fonctionnaires. C'est ce qui est arrivé, en octobre 1940, à la directrice de mon lycée à Lyon.

Pétain va même, à la fin du mois d'octobre, à Montoire, sur les bords de la Loire, signer un pacte de collaboration avec Hitler.

– *Collaboration, ça signifie quoi ?*
– C'est simple : obéissance sans discussion aux ordres des occupants, arrestation de tous ceux qu'ils considèrent comme adversaires, désignation et même exécution d'otages, livraison de tout ce qu'ils réclament dans les domaines industriel, agricole et même culturel. Une usine, une auto ou une locomotive, ça se refait ; du blé, du vin, du bétail, ça repousse ou ça renaît, mais les œuvres d'art !

D'abord, ils ont volé les tableaux, les statues, les bijoux chez les Juifs qu'ils avaient fait arrêter. Puis ils ont visité les musées, ont enlevé toutes les œuvres d'art pour le grand musée que Hitler voulait construire en Allemagne et… pour leurs collections personnelles.

Comble de la barbarie : ils ont décrété qu'il y avait en France un art dégénéré. Ils ont d'abord fait une exposition puis, sur l'esplanade des Tuileries, devant la place de la Concorde à Paris, ils ont brûlé près de six cents tableaux de peintres de talent, pas forcément étrangers ou juifs, mais épris de liberté comme Fernand Léger. C'était le 27 mai 1943. Le feu a brûlé plusieurs jours. Ce jour-là, la Résistance a pris une belle revanche. De l'autre côté de la Seine, rue du Four, Jean Moulin créait en effet le Conseil national de la Résistance, je vous le raconterai plus tard.

A Berlin, sur la place de l'Université, là où furent jetés au feu les livres proscrits par la doctrine nazie, il existe aujourd'hui un espace où les pavés ont été remplacés par une dalle de verre. Sous la dalle en creux, une pièce tapissée de rayons de bibliothèque, rayons vides, un seul livre *Mein Kampf* (Mon combat), le programme de Hitler contre la culture.

Une œuvre d'art détruite, c'est le patrimoine de l'humanité qui est entamé, et c'est irremplaçable. Il n'y avait plus de créations personnelles en œuvres d'art, livres, poèmes, tout était contrôlé.

Ainsi Pétain n'a laissé paraître que les seuls journaux qui étaient d'accord avec lui et l'occupant.

– *On pouvait écouter la radio ?*
– La télévision n'existait pas, il n'y avait qu'une seule radio en France, c'était Radio-Paris, mais elle était commandée par les Allemands. Il était difficile de savoir ce qui se passait. On essayait de capter Radio-Londres en français (il y avait une petite ritournelle qui chantait : « Radio-Paris ment, Radio-Paris ment, Radio-Paris est allemand »). Il était défendu de l'écouter. Quand c'était fini, il fallait tourner le bouton car si un contrôle de police trouvait le poste réglé sur la longueur d'onde de Londres, c'était l'amende ou même l'arrestation.

— En somme, il fallait toujours être sur ses gardes. Et comment savoir la vérité ?

— C'est pour cela, vois-tu, que je pense que la première arme de la Résistance, ce n'est pas une mitraillette, c'est l'information.

— Comment cela ? Tu dis qu'on ne peut pas parler à la radio ni en public, qu'on ne peut pas écrire dans les journaux. Comment s'en sortir ?

— Quand j'étais élève, il m'est arrivé de faire passer un petit mot à une copine pendant la classe, sans que le prof s'en aperçoive. Vous devez bien le faire de temps en temps ! Et voilà ! Nous avons fabriqué d'abord des tracts, puis des petits journaux clandestins. Ce n'était pas facile, il fallait du papier, une imprimerie, des amis pour stocker le journal et le distribuer sans se faire prendre, c'était notre côté volontaire et désobéissant. Chacun de ces petits journaux avait un titre qui était un espoir et une consigne. Dans mon mouvement, le nôtre s'appelait *Libération*. J'ai dit « mouvement », car ça y est, l'esprit de résistance a forgé sa première arme : l'information, donc la Résistance organisée.

— Les petits journaux clandestins paraissaient souvent ?

— Je vous ai dit les problèmes pour trouver du papier, une imprimerie, des transporteurs, des diffuseurs. Et pourtant, il y a eu plus de deux cents titres plus ou moins réguliers, une ou deux fois par mois, avec des tirages qui allaient de quelques milliers à plus de quatre cent mille en 1944.

Il fallait lire les journaux autorisés pour connaître la vie pratique, surtout les attributions de nourriture, mais nous les prenions avec des pincettes tant ils étaient outranciers et répugnants de haine.

En décembre 1943, la Résistance de Lyon a réussi un coup fumant ! Un matin, à peine les camionnettes des messageries avaient-elles déposé dans les kiosques l'horrible journal collabo, *Le Nouvelliste*, qu'arrive un autre transport. « On vous a livré le numéro mal censuré, rendez-le-nous, voilà l'exemplaire correct. » L'échange est vite fait. Correct, il l'était ce *Nouvelliste* rédigé par la Résistance, avec des nouvelles de tous les fronts, de toute la lutte clandestine, avec des menaces personnalisées contre les traîtres et les collaborateurs et, pour finir, avec des messages d'espoir, de confiance dans une victoire prochaine. Toute la ville a jubilé et certains ont tremblé.

— *Maintenant, il y a la télé, des dizaines de radios libres, mais vous n'aviez pas tout ça ?*

— On a beaucoup lu, sous l'Occupation, les classiques du XVIIe siècle, les philosophes du XVIIIe, les grands romanciers du XIXe et tous les vieux romans policiers. Nous avons même eu des livres publiés clandestinement.

Pas de nom d'éditeur, mais la marque Éditions de Minuit. Je me souviens du premier livre qui nous est arrivé, *Le Silence de la mer*, signé Vercors, imprimé sur un mauvais papier d'emballage. C'est un petit livre bouleversant qui décrit un officier allemand logé dans une chambre réquisitionnée chez un vieil homme et sa nièce. Il est correct cet officier, musicien, poli, très conscient que la guerre qu'il fait est inhumaine. Chaque soir, il parle, il parle, mais ni le vieil homme ni la jeune fille ne lui répondent.

On sent que petit à petit la fille tombe amoureuse, et on pense qu'il va déserter. Puis un jour, toujours triste et critique, il annonce qu'il doit partir se battre sur le front de l'Est. On espère qu'il va refuser. Pas du tout ! Il obéit et fait, toujours correct, ses adieux.

Ce livre, Vercors l'a écrit pour que tout le monde comprenne bien que lorsque son pays est occupé par une armée fasciste, il n'y a de bons Allemands que ceux qui refusent d'obéir. Comme ces jeunes Allemands déserteurs qui ont rejoint les maquis dans les Cévennes en 1944.

    — C'est terrible, ils allaient se battre contre leurs compatriotes !

— C'est ce que nous faisions depuis notre engagement : la liberté n'a pas de passeport à faire viser. Elle appartient à tous les pays. Quand je proteste aujourd'hui, parce qu'en Afghanistan les petites filles n'ont pas le droit d'aller à l'école, je me bats aussi pour vous et votre droit de savoir.

Une dizaine de livres ont paru pendant l'Occupation aux Éditions de Minuit, signés de pseudonymes qui cachaient les noms de grands écrivains. La poésie connut une vogue extraordinaire. On lisait, on relisait, on apprenait. En prison, on essayait de se souvenir de poèmes du temps de la liberté. Vous savez, tout le monde est un peu poète. Des vers, on ne les oublie pas, on les écrit sur les murs de sa cellule, on les récite dans les camps et on en fabrique. Beaucoup sont édités en petites plaquettes en France comme *L'Honneur des poètes* ou en Suisse comme la revue *Messages* ou en Algérie comme *Fontaine*. Nous en savions tous plusieurs :

• *Ballade de celui qui chantait dans les sup-plices* [3],

• *Je trahirai demain* [4],

• *Liberté, j'écris ton nom* [5].

Que l'on soit libre, arrêté, déporté, ces moments de poésie étaient des temps privilégiés, même hors de France. Je me souviens d'une soirée d'avril 1944, j'avais quitté la France depuis deux mois. Les bombes écrasaient Londres, accompagnées par les bruits d'enfer de la DCA [6] et des sirènes des pompiers. Nous nous sommes enfermés dans un studio insono-risé de la BBC [7], à quelques-uns autour de Maurice Schuman, pour répéter les poèmes arrivés de France, et que nous devions lire le lendemain à l'émission en langue française. J'imaginais mes copains, l'oreille collée au poste, bouleversés de ce retour vers eux des poèmes écrits pour eux. Pouvez-vous comprendre le poids de ces paroles chuchotées dans le brouillage organisé par nos ennemis ? Dans ces moments parta-gés, nous trouvions notre force. Le lendemain, les injures, les menaces, les informations de la radio de collaboration nous laissaient froids et nous fre-donnions ce slogan devenu mot de passe : « Radio-Paris ment, Radio-Paris ment, Radio-Paris est alle-mand. »

— *Tu nous as dit tout à l'heure que les journaux avaient permis à la Résistance de s'organiser. Pour-quoi s'organiser ?*

3. Voir le texte en annexes.
4. *Idem.*
5. *Idem.*
6. Défense contre les avions.
7. British Broadcasting Corporation.

– Parce que le journal a besoin d'une équipe, alors les lecteurs réagissent. Les uns disent : « Il faut aider ces gens qui sont poursuivis. » Alors on va créer un service social clandestin. D'autres diront : « Ceux qui ne sont pas arrêtés risquent de l'être au premier contrôle de police, il faut leur fabriquer des papiers d'identité. »

– *En somme, vous devenez des faussaires.*

– Eh oui ! Au nom de la solidarité. Ta copine Judith Lévy, on l'aurait appelée Claire Meunier et elle n'aurait pas été une victime du racisme.

Le service des faux papiers a besoin d'auxiliaires, car pour manger, s'habiller, il faut des tickets. Les cartes d'alimentation, de textile sont renouvelées tous les mois, elles arrivent dans les mairies ; il faut habilement les voler, souvent avec la complicité de l'employé de mairie. Pour les cartes d'identité, il faut les tampons des commissariats ou des préfectures ; des femmes de ménage les volaient le soir, nous les reproduisions la nuit et elles les remettaient à leur place le lendemain matin avant l'ouverture des bureaux.

– *Mais comment arriviez-vous à communiquer entre vous, avec cette censure et peu de téléphones ?*

– On se donnait des rendez-vous précis, pas question d'être en retard ou de dire qu'on a autre chose à faire ! Désobéissants vis-à-vis des nazis et de leurs collaborateurs français, nous étions entre nous super disciplinés. Il ne fallait pas mettre la vie d'un copain en danger. Puisqu'on était volontaire, il fallait bien faire notre boulot.

Il y avait aussi le système des boîtes aux lettres

avec ou sans agent de liaison. C'était surtout l'affaire des jeunes, garçons ou filles, à pied ou à vélo. Un responsable faisait déposer un message dans la boîte aux lettres d'un immeuble – bien sûr, la concierge ou le propriétaire était d'accord – qui était relevé par l'agent de liaison d'un autre résistant.

– *Moi, j'aurais eu peur !*

– C'est normal, mais quand on agit volontairement et pour un idéal, on y va ! Leur sort était terrible quand la police française ou la Gestapo les prenait. L'une ou l'autre essayait de leur faire dire qui les commandait : le nom et l'adresse. Filles ou garçons, ils ne parlaient pas. Ils savaient qu'il fallait se taire au moins quarante-huit heures, le temps pour les résistants de mettre en place un dispositif de sécurité.

– *Tu parlais de Radio-Londres, de la BBC, c'était important pour la Résistance ?*

– C'était notre ouverture sur le monde. D'abord la BBC nous informait sur la guerre. Nous apprenions que les Forces françaises libres (FFL), créées par le général de Gaulle, étaient victorieuses en Afrique. Koufra, Bir Hakeim sont devenus les noms de plusieurs de nos organisations.

La BBC nous informait aussi sur ce qui se passait en France. C'est elle qui nous apprenait que, dans telle ville de France, il y avait eu des manifestations patriotiques ou qu'à Châteaubriant cinquante otages avaient été fusillés parce qu'un officier allemand avait été abattu ou encore que les nazis avaient pendu quatre-vingt-dix-neuf habitants de Tulle.

C'était aussi par la BBC que nous recevions une partie de nos consignes.

– Mais les Allemands pouvaient les entendre ?

– Bien sûr ! Et mesurer ainsi l'influence de *La Voix de la France*, qui réussissait, malgré les polices, à mobiliser les gens dans la rue le 14 juillet ou le 1er mai.

Pour ce qu'ils ne devaient pas connaître, il y avait les « messages personnels ». C'étaient des phrases complètement farfelues qui n'étaient comprises que par ceux qu'elles concernaient. Pour le débarquement allié en Normandie, dès le 5 juin 1944, la BBC répétait « Les sanglots longs des violons » et, le lendemain, elle a donné la fin du vers de Verlaine.

– Pour toi, l'avion anglais qui t'a emmenée en Angleterre avec Raymond, Jean-Pierre et un aviateur anglais, c'était « Ils partiront dans l'ivresse », mais comment faisiez-vous pour communiquer avec Londres ?

– Dès le début de la guerre, notre alliée l'Angleterre avait en France des « agents secrets ». On pourrait dire des espions, qui renseignaient leur armée sur ce que faisait l'armée allemande. Après la défaite en France, les Anglais et le général de Gaulle ont renforcé le nombre de ces agents. Les uns faisaient du renseignement, les autres aidaient les aviateurs britanniques dont l'avion avait été touché à se sauver. D'autres encore organisaient le sabotage du matériel de l'armée allemande. Ils étaient très discrets et avaient un poste de radio émetteur et récepteur. Un spécialiste radio formé en Angleterre était parachuté, il avait un code pour rendre les textes qu'il envoyait incompréhensibles.

— Comme moi quand je mets des chiffres à la place des lettres, par exemple le 1 remplace le A, etc.

— C'était plus compliqué que cela et les Allemands étaient très forts en décryptage. De plus, ils pouvaient localiser le poste émetteur-récepteur en un quart d'heure. Le radio, nous disions le « pianiste », avait peu de chance de survivre plus de trois mois. Certains se sont suicidés pour ne pas risquer de parler.

— Il n'y avait aucun moyen d'envoyer des lettres ?

— Quelquefois, Anglais et Français profitaient d'un avion qui avait atterri en cachette ou bien d'une barque de pêcheur qui, échappant à la surveillance nazie, prenait la mer jusqu'à un bateau allié, frégate ou sous-marin.

— Quand vous appreniez toutes ces arrestations, ces exécutions, vous deviez avoir envie de tout quitter ?

— Je ne connais aucun cas de résistant qui nous ait quittés en disant : « Au revoir, je tiens à ma peau. » Quand un grand nombre de résistants étaient arrêtés, sur le moment tout semblait perdu et, pourtant, chaque fois, celui ou celle qui disparaissait était remplacé. Vous connaissez notre chant : « Ami, si tu tombes, un ami sort de l'ombre à ta place. » Jean Moulin a été arrêté le 21 juin ; le 22, un responsable arrivé de Londres a pris sa place. Nous l'appelions Sophie.

— Par sécurité ?

— Oui. Nous ne savions pas dans la Résistance que l'homme parachuté près de Salon-de-Provence dans la nuit du 31 décembre 1941 s'appelait Jean Moulin, préfet révoqué par le maréchal Pétain à cause de son patriotisme et de son attachement à la démocratie. Pour nous, il était Max ou Rex ; pour les contrôles de police, il avait une carte d'identité au nom de Jacques Martel et, bien entendu, un domicile et une profession vérifiables à ce nom.

— *Pour être si bien organisés, il fallait beaucoup de monde. Comment faisiez-vous pour en trouver ?*
— Au début, nous étions peu nombreux. Chacun essayait de savoir ce qu'on pensait dans sa famille, chez ses amis, sur son lieu de travail. Petit à petit, le groupe s'étoffait, se consolidait. Il fallait être prudent, se méfier des bavards, de ceux qui veulent tout savoir, des vantards, mais, à l'usage, chacun avait sa tâche et prouvait son efficacité.

— *Vous n'aviez pas peur des traîtres, des dénonciateurs ?*
— Il y avait, bien sûr, quelques vrais espions qui arrivaient à faire arrêter tout un groupe. Peu de traîtres, souvent pour de l'argent ou par peur. Espions et traîtres étaient vite repérés et éliminés.

— *Comment cela ?*
— Une fois que nous étions certains de leur trahison et avant qu'ils ne se mettent à l'abri, il fallait les faire disparaître : juste punition et vengeance à la fois.

— *Comment savoir si un résistant arrêté ne parlera pas ?*
— Je vous ai dit que la consigne était de tenir quarante-huit heures. Nous avons toujours gardé notre

amitié à celle ou à celui qui parlait sous la torture. Est-ce qu'à sa place nous aurions tenu ?

Si on savait dans quelle prison il était, on essayait de communiquer avec lui par l'intermédiaire ou d'un gardien, ou de l'aumônier de la prison, quelquefois de la Croix-Rouge. Avec le service social, il y avait un autre moyen : on mettait un message roulé dans l'ourlet du linge propre qu'on lui faisait parvenir, on y joignait une mine de crayon et une petite feuille de papier vierge. C'étaient les femmes qui portaient le linge propre et retournaient chercher le linge sale. Quand la fouille du linge était méticuleuse, la femme était arrêtée.

— Il y avait beaucoup de femmes dans la Résistance ?

— Beaucoup. Elles haïssaient les Allemands qui les avaient envoyées sur les routes en juin 1940, qui gardaient prisonniers leur mari, leur frère ou leur fils, qui leur rendaient la vie difficile avec toutes les interdictions, les privations de nourriture, de vêtements, de charbon, les contrôles dans la rue, les otages fusillés, les rafles de Juifs. Comment ne pas avoir pitié de ces mamans, de ces grand-mères de ces enfants déjà humiliés par le port de l'étoile jaune, qui n'ont pas le droit d'aller ni au théâtre ni au cinéma, qui ont une heure par jour pour faire leurs courses et encore pas dans n'importe quel magasin ? Je connais une dame, place des Vosges à Paris, qui a vu un jour des femmes et des enfants embarqués par la police, dans des autobus . Elle a reconnu sa femme de ménage avec ses deux petites filles. « Où allez-vous ? a-t-elle demandé. – Au commissariat pour un contrôle, lui a-t-on répondu. – Laissez-moi les petites, elles vont vous gêner, vous les prendrez à votre retour. » La maman n'est jamais revenue, le papa a disparu dans un maquis. Mon amie a gardé Myriam et Rachel et les a élevées avec sa fille après la guerre.

Le service social des mouvements, cette grande chaîne de solidarité, s'occupe des familles des camarades arrêtés, mais aussi évite aux clandestins l'hôtel ou le restaurant qui sont contrôlés, aide et console les victimes de la société de collaboration.

Les femmes étaient indispensables dans tous les domaines. C'étaient elles qui tapaient et codaient les messages ; il n'y avait pas de traitement de texte à cette époque, et le métier de dactylo était uniquement féminin. Je vous ai parlé des femmes agents de liaison, il y avait celles qui accompagnaient un résistant ou un aviateur anglais, car un couple passe plus facilement qu'un homme seul. Et, surtout, toutes ces jeunes filles et ces femmes au cœur grand ouvert qui logeaient des résistants, lavaient leur linge, les nourrissaient, les soignaient lorsqu'ils étaient blessés ; leur nom n'est peut-être pas connu mais, sans elles, la Résistance n'aurait pas eu la même efficacité. Beaucoup ont connu la prison, la torture. Celles qui sont revenues de déportation nous ont raconté ce que fut leur calvaire. La Résistance a utilisé les femmes selon leurs compétences et leur audace. Il faut parfois plus de courage pour porter du linge dans une prison que pour manier une mitraillette.

— *Qui est clandestin ?*
— Jean Moulin par exemple, celui ou celle qui, avec de faux papiers, entre entièrement au service de la Résistance.

— *Mais il y a tellement de police ?*

— Les premières années, comme en temps de paix, les policiers, les gendarmes obéissent presque tous à leurs supérieurs. Ils chassent les opposants à Pétain, les étrangers, les Juifs. Il y a les polices allemandes et surtout la terrible Gestapo en zone Nord. Après l'arrivée des Alliés en Afrique du Nord, en novembre 1942, toute la France est occupée par les nazis. Ils commencent à perdre des batailles en URSS durant l'hiver 1942-1943. A la demande des Allemands, un ministre de Pétain, Pierre Laval, décide de mettre à leur service, dans les usines de guerre en Allemagne, les jeunes Français de 21 à 23 ans pour remplacer les Allemands qui partent se battre sur le front russe. Cela s'appelle le service du travail obligatoire (STO). Beaucoup de jeunes refusent de partir, cherchent un refuge, et une partie d'entre eux va se cacher dans les montagnes. Bonne affaire pour la Résistance, qui s'efforce de les organiser, de les armer, et commence à créer une vraie armée secrète. C'est le début des maquis. Les plus grands sont très connus : le Vercors, les Glières, le mont Mouchet, Saint-Marcel…

Bien entendu, cela amène de nouvelles adhésions aux mouvements et aux réseaux et, pour avoir la situation en main, la Gestapo et l'armée allemande exigent que l'État français renforce sa police, d'autant que les gendarmes et quelques policiers ne sont plus très actifs.

Pétain va donc créer des groupes mobiles de sécurité et surtout l'horrible milice. Il décrète sa création le 30 janvier 1943, pour le dixième anniversaire de l'arrivée de Hitler au pouvoir. Elle est composée de Français bien payés, armés, qui vont se conduire aussi sauvagement que la Gestapo. Ils sont souvent plus terribles qu'elle, volent et tuent en toute impunité. De juin 1943 à juin 1944, il n'est pas de jour qui ne soit marqué par des incendies, des tortures, des exécutions sommaires. Des fermiers sont jetés vivants dans leur grange en flammes parce qu'un parachutage d'armes a eu lieu près de chez eux. Des jeunes filles infirmières ou agents de liaison dans les maquis, capturées, sont mortes dans la souffrance et l'humiliation. L'une d'elles, en Auvergne, a même été enterrée vivante.

— *Tout le monde devait avoir très peur et chacun devait rester chez soi…*

— Impossible, il fallait aller travailler pour gagner sa vie, faire d'interminables queues pour avoir à manger avec les tickets de la carte d'alimentation : deux cents grammes de pain par jour, pour les enfants un quart de lait écrémé ; les bonnes semaines, un kilo de pommes de terre, cent grammes de margarine ou de saucisson, un peu de viande ou de poisson, un œuf !

Une fois, j'ai acheté un corbeau en vente libre : immangeable ! On avait toujours faim. Avec de l'argent, il était possible d'acheter au marché noir, mais seuls les riches le pouvaient. Si on connaissait des fermiers, si on avait des parents à la campagne, on allait chercher quelques œufs, un peu de beurre et du lard, mais sur les routes et dans les gares, les contrôleurs des services économiques faisaient ouvrir les valises et confisquaient tout.

Entre nous, on partageait. J'ai été hébergée et nourrie dans le Jura, avant mon départ pour l'Angleterre, chez des gens que je ne connaissais pas, chez un facteur, un boucher, un mercier, dans un château et même chez un gendarme. On nous recevait sans nous connaître, Raymond, mon petit garçon et moi, parce que nous étions résistants et poursuivis. On nous a cachés jusqu'à ce qu'un avion nous emmène en Angleterre.

— *Comment les avions pouvaient-ils arriver ?*
— C'était très difficile et rare. Bien entendu, il ne s'agissait pas d'atterrissages normaux sur une piste d'aéroport. En trompant la surveillance allemande, par les nuits de pleine lune pour reconnaître leur chemin à la brillance des cours d'eau et des voies ferrées, pilotés par de jeunes Anglais drôlement courageux, ils atterrissaient de nuit dans un pré ou un champ, protégés par des équipes de résistants que commandaient des responsables formés en Angleterre pour les parachutages et les atterrissages sur des terrains soigneusement répertoriés.

L'avion reparti, toute l'équipe était à la merci d'une enquête, d'une dénonciation ou d'un simple bavardage.

— *Puisque tu étais en Angleterre avant la fin de la guerre, comment était la vie là-bas ?*
— Une vie difficile mais libre ! Des bombardements toutes les nuits, mais des uniformes qui ne faisaient pas peur, des policiers qui m'indiquaient gentiment mon chemin, des Français engagés dans les Forces françaises libres qui m'entouraient de leur amitié, un peuple anglais impeccable et courageux. J'ai compris la différence entre deux pays en guerre : la France occupée, pillée, a peur et se bat dans l'ombre ; l'Angleterre, libre, dispose de ses res-

sources alimentaires et organise le partage. Je n'oublierai jamais la côte de porc aux nouilles de mon premier dîner, ni l'œuf à la coque du petit déjeuner, le lendemain matin.

Chaque peuple a fait la guerre à sa façon. Les Anglais nous ont aidés, se sont battus courageusement mais dans la liberté.

Nous avons été quelques-uns à refuser, dès 1940, l'occupation et la collaboration de l'État français. Il a fallu convaincre, entraîner dans le refus, puis dans l'action, une partie de nos concitoyens et, sans trêve, réparer les ravages que causait à notre société clandestine une répression de plus en plus barbare.

Les Anglais obéissaient et respectaient leur gouvernement, tandis que nous avions en France un gouvernement collaborateur méprisable auquel notre devoir était de désobéir. Mais nous avions l'espoir.

Les FFL se battaient hors de France, le général de Gaulle, depuis Londres puis Alger, faisait savoir au monde que notre combat était celui de la démocratie.

— Tu veux dire que la Résistance a rétabli la république ?

— Pas toute seule, bien sûr, mais elle y a contribué.

— Alors, toi et tes camarades, vous seriez prêts à refaire la même chose ?

— Bien entendu. Résister, ce n'est pas comme un exploit sportif qu'on ne peut réussir que jeune. Vous savez que ça se passe dans la société : quand on refuse l'injustice, la servitude, c'est pour toujours. Donc, vous, mes petits-enfants, vous allez continuer à refuser avec des armes différentes devant des situations différentes, mais toujours pour être du côté de la justice et de la liberté.

— Tu nous racontes les fausses identités, les domiciles clandestins, les boulots prétextes. Comment faisiez-vous pour vous y retrouver ?

— Nous avons eu malheureusement plusieurs années pour nous y habituer. En 1940, nous étions peu nombreux et les polices n'étaient pas encore très opérationnelles.

Les Allemands ont d'abord cru qu'il suffisait de faire peur – je vous ai dit pourquoi Mathieu avait été fusillé. Ils pensaient aussi que l'opinion française allait être d'accord avec les slogans nazis repris par le gouvernement de Pétain. C'est-à-dire : les étrangers et les Juifs sont responsables de la défaite militaire ! Les communistes et les socialistes ont, avec le Front populaire, habitué la France à la paresse et au laisser-aller !

Beaucoup l'ont cru parce que c'était le maréchal Pétain qui le disait, mais ils ont douté quand cela a été repris par la propagande allemande.

— Ils étaient si bêtes ces nazis de croire que vous alliez gober tout ça ?

— Ils n'étaient pas idiots mais, depuis 1933, ils avaient organisé, en Allemagne, la conquête de l'opinion. Ils ont cru que ça marcherait de la même façon en France.

Premièrement : essayer de séduire par la tenue, la politesse, la discrétion.

Deuxièmement : terroriser les récalcitrants par quelques exemples isolés (ce fut le cas de Mathieu).

Puis ils ont affiné leur système : interdire et sévir.

Toujours en se réclamant de la nécessité de lutter contre les propagandes ennemies. Je vais vous lire l'affiche qu'ils ont collée dans le Nord, elle est en allemand et en français.

AVIS

Certains groupes de la population civile française, égarés par la propagande de la TSF étrangère, se sont réunis, le dimanche 11 mai 1941, devant le monument de Jeanne d'Arc à Lille, pour des manifestations formellement interdites.

Afin d'éviter à l'avenir des incidents pareils, j'ordonne la confiscation immédiate de tous les postes de TSF appartenant aux citoyens français de la Ville de Lille et des communes avoisinantes.

Lille le 12 mai 1941

signé

RICHOFF, Generalleutnant

– *En somme, vous étiez punis comme moi quand on m'a confisqué un jeu électronique en classe de sixième ?*

– Sans poste de radio, on ne pouvait plus avoir de nouvelles ! Après la guerre, on a ouvert les colis emmagasinés dans les mairies, il y avait de tout dedans : vieilles batteries, ferrailles ou vieux postes inutilisables. Bien entendu, il a fallu camoufler sérieusement le poste conservé en cachette à la maison et l'écouter portes et fenêtres fermées.

Les punitions étaient quelquefois terribles. Pour le 14 juillet 1941, les gens se sont retrouvés sur les Champs-Élysées. Une affiche, rouge cette fois, annonçait l'exécution de trois otages. Les nazis avaient plusieurs façons de les qualifier. Les uns étaient des judéo-marxistes ou des judéo-capitalistes, les autres des ploutocrates, c'est-à-dire des riches ou des gaullistes.

Finalement, à mesure que le nombre de résistants augmentait, nous devenions tous des terroristes, des gaullistes ou des étrangers.

— *Nous connaissons tous la fameuse « Affiche rouge », le poème d'Aragon et la chanson de Léo Ferré.*

— Tout le monde n'était pas au courant de ce qui se passait. Beaucoup étaient accaparés par les soucis quotidiens : se nourrir, se chauffer, travailler, les colis à faire pour le fils ou le mari prisonnier de guerre quelque part en Allemagne. J'ai connu des enfants, les J2 et les J3, qui n'ont jamais mangé de chocolat pendant cette guerre. Le rationnement leur en assurait pourtant cent vingt-cinq grammes par mois, mais la tablette partait dans le colis pour ce papa lointain dont le souvenir était de plus en plus flou.

— *Qu'est-ce que cela veut dire J2, J3 ?*

— C'était une manière de distinguer les consommateurs pour la répartition de la nourriture. Les catégories étaient fonction de l'utilité dans la société. Venaient en tête les travailleurs de force, les femmes enceintes, les J3 adolescents de 13 à 18 ans. Les plus mal lotis étaient les vieillards, les infirmes, les malades mentaux et, bien entendu, les condamnés emprisonnés ou parqués dans les camps. On mourait beaucoup de faim, de malnutrition, de maladies infectieuses, il n'y avait pas encore d'antibiotiques.

En classe, nous les profs, nous redoutions la dernière heure de la matinée : les élèves s'endormaient ; on appelait cela « la somnolence de la faim ». A partir d'octobre 1942, on a distribué après la récréation de dix heures des biscuits vitaminés à base de farine de poisson.

— A la campagne, il y avait tout de même plus de choses : le lait, les œufs, les poulets, les lapins ; ils ne pouvaient pas tout prendre !

— Le gouvernement avait créé des inspecteurs du ravitaillement qui surveillaient, réquisitionnaient, confisquaient. Alors, tout le monde trichait ; certains vendaient cher à ceux qui pouvaient payer. C'était le marché noir. D'autres cachaient leur production et partageaient avec leur famille et leurs amis. Mais dans les grandes villes comme Paris, Lyon, Marseille, Nice, c'était la disette perpétuelle.

Il y avait des magasins réservés à l'occupant et à ses amis. Une fois, rue de Buci à Paris, des femmes résistantes y sont entrées de force et ont lancé sur le trottoir des boîtes de conserve, des fromages et d'autres nourritures pour que les ménagères se servent. Elles ont presque toutes été arrêtées et déportées, plusieurs ne sont pas revenues. Sans nos petits journaux clandestins, personne ne l'aurait su en dehors du quartier.

— Ces femmes, quel courage !

— Justement, je voudrais bien que vous compreniez que la Résistance ne se limite pas à l'usage de grenades ou de mitraillettes. Ainsi, les riches mines de charbon du Nord de la France devaient produire de plus en plus pour les transports allemands ; les mineurs se sont mis en grève, par patriotisme et à cause des cadences intenables. Les Allemands ont pris des sanctions : suppressions de salaire, amendes, prison, exécutions. Les femmes des mineurs ont décidé qu'il fallait soutenir et aider leurs maris ; elles ont récolté dans le bassin minier nourriture et argent. Elles se tenaient devant les soldats allemands à l'entrée du puits de mine et, après trois mois, elles ont gagné ! Les mineurs ont été payés et les cadences assouplies.

– Moi, je ne voyais pas la Résistance comme cela ! C'est encore plus courageux que de faire sauter un train !

– Il faut les deux ou, plutôt, il faut trouver toutes les façons qui nuisent à l'occupant et aux collaborateurs. Nous étions sûrs de gagner, la propagande ennemie ne pouvant étouffer la voix de la BBC : ces Français qui parlaient depuis Londres, qui nous racontaient le vrai déroulement de la guerre, qui nous disaient le courage des Forces françaises libres engagées en Afrique, sur mer et dans les airs. Ces noms plus jamais oubliés – Koufra, Bir Hakeim, El-Alamein, escadrille Normandie-Niemen – étaient aussi nos victoires. Les Français qui n'étaient pas actifs dans la Résistance n'étaient pas complètement dupes de Radio-Paris et essayaient d'en savoir plus en écoutant Londres.

– Il y a tout de même beaucoup de Français qui ont vécu tranquillement pendant ces quatre ans. Il y

a des villages où on n'a jamais vu un soldat alle-
mand.

– C'était vrai pour Oradour-sur-Glane, jusqu'au 10 juin 1944. Ce jour-là, une colonne allemande est venue, a brûlé les maisons, tué tous les hommes et incendié l'église dans laquelle ils avaient enfermé toutes les femmes et tous les enfants : cent quatre-vingt-quinze hommes, deux cent quarante-six femmes, deux cent sept enfants dont six nouveau-nés. C'est cela la barbarie imprévisible d'une soldatesque.

– *Comment, avec toutes ces polices et tous ces risques, avez-vous réussi à vous en sortir ?*

– Beaucoup sont restés en route, les occasions de mourir ne manquaient pas. Nous avions deux jokers dans notre jeu : nous étions chez nous, nous connaissions les rues, les chemins, les immeubles à double entrée, le signal qui prévient ; eux, les enva-hisseurs, ils avaient la force, mais ça ne vaut pas notre deuxième joker : nous savions que le droit et la justice étaient de notre côté. Ils nous avaient volé la Liberté et l'Égalité, ils n'avaient pas pu interdire la Fraternité. Aucun d'entre nous n'était résistant pour s'en sortir personnellement. Nous nous battions pour des valeurs universelles, pour tous ces incon-nus, hommes ou femmes, jeunes ou vieux, humiliés, exploités, et leur redonner, nous redonner aussi le droit de penser, d'aimer, en somme de vivre libres dans une démocratie retrouvée.

– *Tu nous as parlé du général de Gaulle, ça n'a pas dû être facile pour lui de désobéir et de tout quitter ! En somme, pour un militaire, de déserter !*

– Dès le mois de juillet 1940, Pétain a réuni un

conseil de guerre pour le juger. Il a été condamné à mort et ses biens confisqués. Heureusement, il était en Angleterre et sa famille aussi. Sa mère, très malade, est décédée peu après en Bretagne. Les Allemands ont interdit d'assister aux obsèques. La nuit suivante, sa tombe a été couverte de fleurs.

Pour les adultes ayant une situation, une famille, une place dans la société, il faut du courage pour changer de vie. C'est cela la Résistance : réfléchir, juger, choisir et s'engager. René Cassin, conseiller d'État, n'hésita pas.

– Nous le connaissons, il a rédigé la Déclaration universelle des droits de l'homme et il est au Panthéon.

– C'est pareil pour Jean Moulin. Il aurait pu s'installer tranquillement dans sa maison du Midi ; il a choisi. Il a réussi à passer en Angleterre et à rencontrer de Gaulle à l'automne 1941.

– De Gaulle était-il connu à ce moment ?

– Il parlait à la radio de Londres depuis le 18 juin 1940 et je vous ai raconté comment il avait constitué le début d'une armée française libre. Ce qui a, dès 1941, frappé les Français. Petit à petit, on comprend qu'il est plus qu'un chef militaire qui refuse la défaite. Il délègue les commandements des Forces françaises libres aux officiers qui l'ont rejoint. Il est la France alliée à l'Angleterre puis, en juin 1941, à l'URSS et, en décembre de la même année, aux États-Unis. Il a la stature d'un chef d'État en exil et, pour nous, en France soumise, il est le symbole du combat pour la liberté. Nous l'appelons notre chef.

– Mais les résistants venaient de tous les partis politiques, ils étaient tous d'accord ?

– Nous étions d'accord sur un point essentiel : retrouver l'indépendance de la France et la démocratie. Quand le général de Gaulle a dit : « Mon seul but : libérer la patrie et rendre la parole au peuple français », presque tous les journaux clandestins ont reproduit cette phrase sous leur titre.

– Les Forces françaises libres, les FFL comme tu dis, que faisaient-elles ?

– Elles combattaient sur terre, sur mer, dans les airs ; les hommes portaient un uniforme qui indiquait bien qu'ils étaient l'armée française et non un contingent étranger dans les armées alliées.

– Quelle importance ? Toutes ces armées se battaient contre Hitler ?

– C'était très important. Le général de Gaulle affirmait que la vraie France était l'alliée des grandes puissances démocratiques et que Vichy et Pétain n'étaient pas la France. Le 8 mai est pour vous un jour de congé scolaire. En 1945, ce jour-là, quatre officiers – un Anglais, un Russe, un Américain et un Français – ont reçu la capitulation de l'armée allemande. La France était ainsi reconnue comme une grande puissance, donc membre permanent du Conseil de sécurité des Nations unies.

– Un jour, tu nous expliqueras toutes ces organisations internationales : ONU, OMS, UNESCO, FAO, etc.[8].

8. ONU : Organisation des Nations unies. OMS : Organisation mondiale de la santé. UNESCO : United Nations Edu-

– D'accord, mais revenons aux FFL. Pour nous, résistants en France, ils étaient nos frères. Ils se battaient pour les mêmes raisons mais à visage découvert. Leurs victoires étaient les nôtres et donnaient leurs noms à des groupes de résistance, à des maquis, à des journaux clandestins. Comme nous, ils avaient des noms clandestins ; comme nous, ils étaient, quelles que soient leurs origines, amoureux de la France et de la liberté.

Certaines de nos rues, de nos places, des monuments rappellent les noms d'hommes, de femmes qui sont morts en France et hors de France pour la liberté. Quand vous lirez « pont de Bir Hakeim », vous vous rappellerez que ceux qui sont morts là-bas – quelquefois sous un pseudonyme – sont les frères des maquisards du Vercors, par exemple.

– *Pourquoi un pseudo ?*
– Pour deux raisons : il fallait préserver leurs familles restées en France ou dans les autres pays occupés et parce que la propagande nazie, je vous l'ai dit, affirmait que de Gaulle était entouré de Juifs, d'apatrides, d'étrangers, et les présentait comme des terroristes.

– *Tu as dit que, dans les FFL, il y avait des gens de toutes origines. C'est-à-dire ?*
– Entre les deux guerres, beaucoup d'étrangers se sont réfugiés en France pour échapper au fascisme dans leur pays : une partie de l'Europe, en somme. Ils se sont engagés en septembre 1939 dans

cational, Scientific and Cultural Organization. FAO : Food and Agriculture Organization.

la Légion étrangère pour combattre aux côtés des Français qui les avaient accueillis.

Après la défaite, ils ont été volontaires pour rejoindre de Gaulle. D'autres, en France, ont constitué des groupes appelés MOI (Main-d'œuvre immigrée).

– *Nous en avons parlé en classe, à propos de l'affiche rouge et du poème d'Aragon chanté par Léo Ferré.*

– Leur courage nous stupéfiait. Leurs actions dans les villes, leur lutte dans les maquis leur ont souvent coûté la vie. Combien sont enterrés sous un faux nom ou avec la mention « inconnu » et n'ont jamais été identifiés !

– *Comment, depuis la France, ces gens faisaient-ils pour rejoindre les FFL ?*

– Quelques-uns réussirent à s'enfuir en bateau, les pêcheurs bretons par exemple ; d'autres ont même eu l'audace de voler un avion. Certains sont partis en franchissant les Pyrénées, mais la police espagnole de Franco, quand elle les attrapait, les mettait dans des camps où ils passaient plusieurs mois, jusqu'à ce que des interventions variées les libèrent.

Je connais une histoire extraordinaire : deux jeunes officiers français refusant la défaite se sont fait embaucher comme dockers à Toulon, puis comme marins sur un cargo italien bourré d'armes françaises volées par Mussolini. Ils ont détourné le bateau vers Gibraltar et sont arrivés en Angleterre pour devenir des héros des FFL.

– C'est incroyable ! Est-ce que nous aurions eu le courage de nous lancer dans ces aventures et dans celles que tu as connues ?

– Je suis sûre que si vous aviez compris ce que veut dire l'occupation de son pays par une armée étrangère, la collaboration de son gouvernement avec l'ennemi, vous seriez prêts à trouver les moyens de résister !

Quand, le 11 novembre 1940, les étudiants et lycéens de Paris ont, malgré l'interdiction, essayé de défiler sur les Champs-Élysées, vous auriez été des leurs. Je suis sûre que vous auriez voulu avoir en poche un bâton de craie ou de charbon de bois pour dessiner sur les murs une croix de Lorraine ou le V de la victoire.

– C'était tout de même plus dangereux que les « tags » de maintenant, mais certainement j'aurais été tenté.

– C'est peut-être ainsi qu'ont commencé les élèves du lycée Buffon, puis ils ont protesté contre l'arrestation de leur prof de philo ; ensuite, ils ont fait partie d'un mouvement de Résistance, se sont fait prendre et ont été fusillés.

Ils ont rédigé une dernière lettre avant leur exécution. Avec des mots différents, ils expriment tous les mêmes idées.

L'un commence : « On va m'arracher cette vie à laquelle je tenais tant. » Il continue : « Pauvres parents, comme vous serez malheureux. »

L'autre dit : « J'aurais voulu voir la victoire, ne pleurez pas, je meurs pour que vous viviez libres. »

Un autre encore : « Ne pleurez pas, je meurs pour un idéal, soyez heureux dans une France libérée. »

Ceux-là sont tombés en France. J'ai eu des élèves qui ont réussi à rejoindre l'Angleterre à 17 ans. Ils se sont engagés en disant qu'ils en avaient 21. L'un d'eux, devenu pilote de chasse, a été abattu au-dessus de l'Allemagne en juillet 1944 ; son coéquipier sautant en parachute a été récupéré par les Allemands, mis en camp de concentration, où il est mort en février 1945.

– *Les camps de concentration, les déportations, comment as-tu pu rester dans la Résistance en sachant ce qui pouvait t'arriver ?*

– Nous n'étions pas informés comme vous l'êtes maintenant. La prison, les interrogatoires, la torture – et encore, pas dans toutes ses dimensions –, le poteau d'exécution, les assassinats d'otages, nous savions tout cela. Imaginer ce qu'étaient les camps, personne ne le pouvait. La déportation en camp, en forteresse, nous apparaissait, si j'ose dire, la conséquence de nos activités de Résistance. Nous étions des soldats, le combat n'est pas sans risque !

Dans quel état sont revenus quelques-uns de nos camarades ! Leurs récits : les humiliations, les traitements inhumains, la faim, les coups, le travail forcé, la mort lente... Ils n'ont pas tout dit, une espèce de pudeur les a retenus. Il faudra un jour vous parler de la solidarité qui a permis à ceux-là de revenir.

Puis on a su le pire : les camps d'extermination, la mort obligatoire parce que certains n'avaient tout simplement pas le droit d'être nés.

Nous avons tout de suite protesté contre le racisme du gouvernement de Vichy : pas de Juifs dans la fonction publique (enseignement, postes, justice, armée, finances, etc.).

En zone Nord, les Juifs qui avaient déjà l'obligation de l'estampille J (pour Juif) sur leur carte d'identité, ont dû, au printemps 1942, porter l'étoile jaune (l'étoile de David à six branches), cousue sur le côté gauche de leurs vêtements, sur ordre du gouvernement de Vichy, qui est allé plus loin que les nazis. Eux ne l'exigeaient qu'à partir de 16 ans, Vichy à partir de 6 ans.

En juillet 1942, les Allemands ont réclamé la livraison de quatorze mille Juifs de plus de 16 ans. Ce fut le déshonneur suprême de l'État français : il fit arrêter hommes, femmes et enfants de tous âges. C'est ce qu'on appelle la rafle du Vel' d'Hiv (Vélodrome d'Hiver). La Résistance a pu sauver un grand nombre d'enfants ; les autres partirent pour une mort certaine : chambre à gaz, puis four crématoire.

– *Je comprends qu'on devienne résistant ! Mourir quand on n'a rien fait, c'est rageant ! C'étaient des monstres, ces nazis !*

– Eh oui ! C'est bien pour cela que les survivants ne veulent pas que ces déportés soient morts en vain. Le racisme est la pire plaie de l'humanité. Il triomphe quand on laisse le fascisme prendre le pouvoir.

Vous apprenez en Histoire que les hommes ont toujours cherché leur liberté, qu'ils se sont battus pour la gagner et la conserver. Avec le fascisme, pas de liberté.

– *Comment avez-vous pu continuer à croire à la victoire en vivant traqués, camouflés, risquant arrestations et exécutions ?*

– Vous savez, quand on ne fait rien on a peur de tout, des bombardements, des rafles aveugles, des voisins méfiants, de toutes ces lois à respecter. Nous, nous n'avions pas le temps d'avoir peur ; nous voulions gagner, vaincre la durée de l'occupation. Notre activité consistait en permanence à chercher tous les moyens de combattre et de détruire tout ce que nous refusions d'accepter.

Les FFL hors de France, les déportés dans les camps, et nous, avions tous les mêmes impératifs :

• s'organiser sur les champs de bataille contre les forces allemandes ;

• s'organiser dans les camps pour que la solidarité aide à survivre ;

• s'organiser en France occupée pour faire le plus de mal possible à l'occupant et aux collaborateurs.

Petit à petit, la victoire se précisait. Il faut maintenant que je sois de nouveau le prof d'histoire. Après tout ce que nous avons dit, vous comprendrez tout de suite pourquoi la Résistance a grandi à mesure que les événements militaires confirmaient notre optimisme et augmentaient nos forces.

Je vais rapidement vous raconter cinq étapes importantes :

• A la fin du mois de juin 1941, Hitler envahit l'Union soviétique : il en convoitait les richesses minières et agricoles. Il avait seulement oublié les dimensions et le climat de cet immense empire. Les élèves en classe de français apprenaient le poème de Victor Hugo sur la retraite de Russie où Napoléon a perdu sa Grande Armée.

En France, on a pensé que c'était également dangereux pour Hitler et qu'ainsi nous serions débarrassés d'une partie de l'armée allemande engagée sur le front russe.

• En décembre 1941, le Japon, allié à l'Allemagne

et à l'Italie (on disait l'axe Berlin-Rome-Tokyo), attaque et détruit une partie de la flotte de guerre des États-Unis à Pearl Harbor. Les États-Unis, furieux, déclarent la guerre au Japon, donc à leur allié. Ce fut pour l'Angleterre, l'URSS et nous, un bel encouragement.

Savez-vous que deux avions seulement avaient traversé l'Atlantique Nord à cette époque ! Donc, les États-Unis pouvaient fabriquer tout le matériel de guerre nécessaire sans craindre d'être bombardés.

• Troisième étape : en juillet 1942, Hitler réclame la livraison de quatorze mille Juifs de plus de 16 ans. Nous avons parlé du déshonneur du gouvernement de Vichy qui fit arrêter et livra des gens de tous âges, y compris des bébés. Pour certains, qui avaient dans l'indifférence constaté les mesures imposées aux Juifs, cette rafle du vélodrome d'Hiver ne passa pas. Réflexe de charité, de justice, d'une bonne partie du monde chrétien : des évêques, des prêtres, des pasteurs organisèrent le sauvetage des enfants, tandis que le service social de la Résistance s'activait à procurer de faux papiers et des cachettes aux adultes. Dans mon lycée, les professeurs s'occupaient de la protection des élèves juives, et leurs camarades, pour la plupart, étaient très attentionnées envers elles.

• Nous voilà au mois de novembre 1942. Des Américains débarquent en Afrique du Nord. Alors, les Allemands occupent toute la France. Ceux qui avaient confiance en Pétain, les militaires surtout, pensent qu'il va donner l'ordre de se défendre contre cette invasion. Horreur ! Il ordonne de détruire la flotte française à Toulon pour qu'elle ne rejoigne pas les Alliés en Afrique. Il ordonne également de livrer toutes les armes que les militaires avaient cachées en espérant la revanche. Ces derniers n'ont plus confiance en lui et vont, à leur tour, créer un mouvement de Résistance.

J'ai parlé du climat russe. L'hiver 42-43 fut terrible, l'huile gelait dans les moteurs et l'armée allemande ne parvenait pas à vaincre les Soviétiques devant Stalingrad, si bien que son général a capitulé avec tous les survivants.

• Hitler a besoin de nouveaux soldats. Il mobilise les ouvriers de ses usines de guerre. Qui va les remplacer ? Une rapide entente avec le gouvernement français et le service du travail obligatoire en 1943 envoie dans les usines allemandes les jeunes Français de 21 à 23 ans.

Beaucoup sont contraints au départ ; d'autres se cachent loin des villes, dans les régions boisées et les montagnes. C'est une bonne affaire pour la Résistance qui va engager ces jeunes, les regrouper, les entraîner, les armer. Des officiers les rejoignent et aident à l'encadrement. Voilà les maquis.

Peu à peu, des couches différentes de la population rejoignent cette Résistance dont tout le monde connaît l'existence, qui est maintenant une force bien organisée et surtout unie.

– Comment cela ? Vous étiez si différents et en plus méfiants, prudents ! Il semble impossible de prévoir des rendez-vous, de discuter en toute sécurité et de se mettre d'accord.

– Cette unité, nous l'espérions tous, bien sûr. C'est Jean Moulin qui a permis de la réaliser.

Après avoir réussi à rejoindre l'Angleterre, il est parachuté en France avec mission d'unifier la Résistance. Par étapes, méthodiquement, patiemment, il rencontre et convainc les dirigeants des mouvements, des partis politiques et des syndicats résistants de se regrouper dans le Conseil national de la Résistance (CNR). Le 27 mai 1943, tandis que brûlent sur l'esplanade des Tuileries les six cents tableaux proscrits par les nazis, dix-sept personnages importants se réunissent dans un petit appartement de Paris pour coordonner leurs luttes en vue de la libération et préparer l'administration de la France libérée. Tout cela en liaison avec le général de Gaulle, président à Alger du Gouvernement provisoire.

La BBC, notre haut-parleur, le fit savoir à la France entière. Quelle bouffée d'espoir ! Quelle colère chez l'occupant, qui multiplia ses efforts pour savoir, arrêter, torturer et tuer. C'est ainsi que, le 8 juin 1943, le chef de l'Armée secrète, le général Delestraint, fut arrêté et qu'une trahison entraîna, le 21 juin 1943, la capture à Caluire de Jean Moulin et de six de ses compagnons.

Nous savions la victoire proche, nous espérions être encore là pour y participer.

— Jean Moulin arrêté, toutes ces polices qui vous harcèlent, je comprends que le découragement ait pu vous gagner !

— C'était dur, mais quand on s'engage, on sait ce qu'on veut. Jean Moulin, avant de mourir massacré par la Gestapo, avait rempli sa mission, son remplaçant était là. Les ennemis perdaient du terrain. Les Allemands appelaient « défense élastique » leur retraite de Russie, les Japonais étaient chassés de presque toutes les îles du Pacifique et l'Italie avait demandé l'Armistice en septembre 1943.

Nous avons réuni toutes nos forces militaires dans une seule organisation : Armée secrète (AS). Francs Tireurs et Partisans (FTP), maquis, groupes francs forment les Forces françaises de l'intérieur (FFI).

Nous avons attendu avec impatience le débarquement que nous espérions en France, malgré quelques manœuvres de diversion des Alliés.

Le 6 juin 1944, ils arrivent en Normandie.

— *Nous connaissons le message radio de la BBC qui le précède : « Les sanglots longs des violons... »*

— Ah ! Les messages personnels, il y en eut plus de neuf cents les 4, 5 et 6 juin. Chacun était une consigne pour un groupe de FFI : détruire un pont, une voie ferrée, obstruer une route, préparer des embuscades, tout cela pour empêcher, ou au moins retarder, l'arrivée des renforts allemands sur les lieux de débarquement.

— *Nous savons, nous avons tous vu le film* Le Jour le plus long *et nous avons visité le Mémorial pour la paix à Caen.*

— Le deuxième débarquement eut lieu le 15 août sur les plages de Provence. Dans les deux cas, les Forces françaises sont présentes : 2e DB avec le général Leclerc en Normandie, 1re Armée française avec le général de Lattre de Tassigny dans le Sud.

Il faut avoir vu ces embrassades entre les FFL, formées d'hommes venus de tous les continents, et les FFI, composées de Français et d'étrangers, pour comprendre ce que l'amour de la liberté peut créer de fraternité chez des gens si différents. Chaque ville, chaque région libérées s'accompagnait de la mise en place d'une administration, soigneusement préparée par le Conseil national de la Résistance et le Gouvernement provisoire.

Le 25 août, les premiers chars français entrent dans Paris libéré par ses habitants. Paris, c'est plus que la capitale de la France ; c'est, pour le monde, la ville lumière, la ville des arts, des droits de l'homme. Paris libéré, c'est le symbole de la victoire sur les ennemis de toutes les libertés. Pourtant, la guerre n'est pas encore finie. Il faut attendre le 8 mai 1945 pour que l'Allemagne hitlérienne se reconnaisse vaincue et que ses généraux signent la capitulation de son armée.

Tandis que Hitler, peureusement caché dans un abri à Berlin, se suicide avec quelques fidèles, nous apprenons la réalité des camps. Les résistants face à la mort lente dans les camps de déportation. Les Juifs et les Tziganes face à la mort programmée et inexorable dans les camps d'extermination.

La réalité est là : une patrie dévastée, cassée, pillée, des orphelins, des charniers, des tombes anonymes, des fantômes sortis des prisons et des camps. Mais la liberté reconquise, la démocratie retrouvée, c'est le bilan de nos combats. Dans cette prison qu'était devenue la France, la Résistance a renseigné efficacement les Alliés, a contribué avec peu d'armes à vaincre l'occupant, a libéré seule une partie de notre pays, a aidé les Alliés sur le sol français, a poursuivi avec eux l'armée allemande jusqu'à sa totale défaite, a débarrassé la Patrie du régime de collaboration.

Dans vos livres d'histoire, vous étudiez l'installation d'une nouvelle société avec ses nouvelles structures, avec une nouvelle Constitution qui garantit les droits de tous les citoyens, qui confirme les droits civiques des femmes, déjà reconnus à Alger en avril 1944.

Toute Française, tout Français a le droit, à 21 ans d'abord, à 18 ans maintenant, d'élire ses représentants pour gérer son pays. Pétain avait transformé le peuple en sujets ; la Résistance lui restitue les beaux noms de citoyennes et de citoyens. C'est le plus bel héritage que nous vous laissons. A 18 ans, ce petit papier dans votre poche appelé « carte électorale », vous l'utiliserez en vous souvenant qu'il vous permet de vous exprimer librement pour la gestion de votre pays, de l'Europe et, je l'espère, un jour du monde entier.

En l'utilisant, vous penserez à tous ceux et à toutes celles qui l'ont gagné pour vous et qui n'ont pas eu le temps de devenir des grands-parents à cheveux blancs, comme moi.

J'ai répondu à vos questions pour vous aider à comprendre cette extraordinaire aventure appelée Résistance. Il vous reste encore beaucoup à apprendre sur ce sujet. A moi de questionner : qu'avez-vous retenu de toutes ces explications ?

— *Moi, j'ai compris pourquoi des gens comme tout le monde, comme mes parents ou mes voisins, sont devenus des résistants malgré les risques.*

— *Moi, je suis émerveillée que la Résistance ait trouvé tous ces moyens de convaincre la population, d'aider les persécutés et finalement d'être plus forte que la puissante armée allemande et le gouvernement de collaboration.*

— *Moi, je pense que de Gaulle à Londres, Jean*

Moulin en France ont été un appui pour faire comprendre aux Alliés l'importance de la Résistance intérieure.

   – Finalement, je suis sûre que nous sommes d'accord, vous n'avez pas attendu qu'un Zorro ou un Superman vous tirent d'affaire, vous vous êtes battus et vous avez gagné sur la haine, le racisme et la violence. S'il le fallait, nous serions prêts à faire comme vous !

Annexes

Ballade de celui qui chanta
dans les supplices

à Gabriel Péri

Et s'il était à refaire,
Je referais ce chemin.
Une voix monte des fers
Et parle des lendemains.

On dit que dans sa cellule
Deux hommes, cette nuit-là,
Lui murmuraient : Capitule
De cette vie es-tu las ?

Tu peux vivre, tu peux vivre,
Tu peux vivre comme nous.
Dis le mot qui te délivre
Et tu peux vivre à genoux.

Et s'il était à refaire,
Je referais ce chemin.
La voix qui monte des fers
Parle pour les lendemains.

Rien qu'un mot ! La porte cède,
S'ouvre et tu sors. Rien qu'un mot !
Le bourreau se dépossède.
Sésame. Finis tes maux.

Rien qu'un mot, rien qu'un mensonge
Pour transformer ton destin.
Songe, songe, songe, songe
A la douceur des matins.

Et si c'était à refaire,
Je referais ce chemin.
La voix qui monte des fers
Parle aux hommes de demain.

J'ai dit tout ce qu'on peut dire.
L'exemple du Roi Henri :
Un cheval pour mon empire,
Une messe pour Paris.

Rien à faire. Alors ils partent.
Sur lui retombe son sang.
C'était son unique carte
Périsse cet innocent.

Et si c'était à refaire,
Referait-il ce chemin ?
La voix qui monte des fers
Dit : Je le ferais demain.

Je meurs et France demeure
Mon amour et mon refus.
O mes amis ! Si je meurs
Vous saurez pourquoi ce fut.

Ils sont venus pour le prendre,
Ils parlent en allemand,
L'un traduit : Veux-tu te rendre ?
Il répète calmement :

Et si c'était à refaire,
Je referais ce chemin.
Sous vos coups chargés de fers,
Que chantent les lendemains.

Il chantait, lui, sous les balles,
Des mots *sanglant est levé.*
D'une seconde rafale,
Il a fallu l'achever.

Une autre chanson française
A ses lèvres est montée,
Finissant la Marseillaise
Pour toute l'humanité.

Louis ARAGON

Je trahirai demain

Je trahirai demain, pas aujourd'hui
Aujourd'hui, arrachez-moi les ongles,
Je ne trahirai pas.

Vous ne savez pas le bout de mon courage.
Moi je sais.
Vous êtes cinq mains dures avec des bagues.
Vous avez aux pieds des chaussures
Avec des clous.

Je trahirai demain, pas aujourd'hui,
Demain.
Il me faut la nuit pour me résoudre,
Il ne me faut pas moins d'une nuit
Pour renier, pour abjurer, pour trahir.

Pour renier mes amis,
Pour abjurer le pain et le vin,
Pour trahir ma vie,
Pour mourir.

Je trahirai demain, pas aujourd'hui.
La lime est sous le carreau,
La lime n'est pas pour le barreau,
La lime n'est pas pour le bourreau,
La lime est pour mon poignet.

Aujourd'hui, je n'ai rien à dire,
Je trahirai demain.

Marianne COHN (dite COLIN)

Liberté

Sur mes cahiers d'écolier,
Sur mon pupitre et les arbres,
Sur le sable, sur la neige,
J'écris ton nom.

Sur toutes les pages lues,
Sur toutes les pages blanches,
Pierre sans papier ou cendre,
J'écris ton nom.

Sur les images dorées,
Sur les armes des guerriers,
Sur la couronne des rois,
J'écris ton nom.

Sur la jungle ou le désert,
Sur les nids, sur les genêts,
Sur l'écho de mon enfance,
J'écris ton nom.

Sur les merveilles des nuits,
Sur le pain blanc des journées,
Sur les saisons fiancées,
J'écris ton nom.

Sur tous mes chiffons d'azur,
Sur l'étang soleil moisi,
Sur le lac lune vivante,
J'écris ton nom.

Sur les champs, sur l'horizon,
Sur les ailes des oiseaux

Et sur le moulin des ombres,
J'écris ton nom.

Sur chaque bouffée d'aurore,
Sur la mer, sur les bateaux,
Sur la montagne démente,
J'écris ton nom.

Sur la mousse des nuages,
Sur les sueurs de l'orage,
Sur la pluie épaisse et fade,
J'écris ton nom.

Sur les formes scintillantes,
Sur les cloches des couleurs,
Sur la vérité physique,
J'écris ton nom.

Sur les sentiers éveillés,
Sur les routes déployées,
Sur les places qui débordent
J'écris ton nom.

Sur la lampe qui s'allume,
Sur la lampe qui s'éteint,
Sur mes maisons réunies,
J'écris ton nom.

Sur le fruit coupé en deux
Du miroir et de ma chambre,
Sur mon lit coquille vide,
J'écris ton nom.

Sur mon chien gourmand et tendre,
Sur ses oreilles dressées,
Sur sa patte maladroite,
J'écris ton nom.

Sur le tremplin de ma porte,
Sur les objets familiers,
Sur le flot du feu béni,
J'écris ton nom.

Sur toute chair accordée,
Sur le front de mes amis,
Sur chaque main qui se tend,
J'écris ton nom.

Sur la vitre des surprises,
Sur les lèvres attentives,
Bien au-dessus du silence,
J'écris ton nom.

Sur mes refuges détruits,
Sur mes phares écroulés,
Sur les murs de mon ennui,
J'écris ton nom.

Sur l'absence sans désir,
Sur la solitude nue,
Sur les marches de la mort,
J'écris ton nom.

Sur la santé revenue,
Sur le risque disparu,
Sur l'espoir sans souvenir,
J'écris ton nom.

Et, par le pouvoir d'un mot,
Je recommence ma vie,
Je suis né pour te connaître,
Pour te nommer

Liberté.

Paul ELUARD

Derniers titres parus

dans la même série

Rama Yade
*Les Droits de l'homme
expliqués aux enfants de 7 à 77 ans*

Pascal Vernus
Les Dieux égyptiens expliqués à mon fils

Alain Demurger
Chevaliers et Chevalerie expliqués à mon petit-fils

Pascal Picq
Darwin et l'évolution expliqués à nos petits-enfants

Jean-Marc Jancovici
Le Changement climatique expliqué à ma fille

Roger-Pol Droit
L'Éthique expliquée à tout le monde

Marc Ferro
*Le Mur de Berlin
et la Chute du communisme expliqués à ma petite-fille*

Marc-Alain Ouaknin
La Tora expliquée aux enfants

Jacques-Olivier Boudon
Napoléon expliqué à mes enfants

Jean-Louis Brunaux
Les Gaulois expliqués à ma fille

Bruno Dumézil
Les Barbares expliqués à mon fils

Pascal Picq
Les Origines de l'homme
expliquées à nos petits-enfants

Jean-Didier Vincent
Le Sexe expliqué à ma fille

Marc Ferro
De Gaulle expliqué aujourd'hui

Hubert Reeves
L'Univers expliqué à mes petits-enfants

Marc-Alain Ouaknin
L'Alphabet expliqué aux enfants

Roland Lehoucq
Les Extraterrestres expliqués à mes enfants

Jean-Pierre Azéma
L'Occupation expliquée à mon petit-fils

Benjamin Stora
La Guerre d'Algérie expliquée à tous

Rachid Benzine
Le Coran expliqué aux jeunes

Henry Rousso
La Seconde Guerre mondiale expliquée à ma fille

Elias Sanbar
La Palestine expliquée à tout le monde

RÉALISATION : PAO ÉDITIONS DU SEUIL
IMPRESSION : NORMANDIE ROTO S.A.S. À LONRAI (ORNE)
DÉPÔT LÉGAL : JANVIER 2000. N° 36571-12 (1400859)
Imprimé en France